degustação de vinhos

degustação de vinhos

Nicolle Croft

fotografias de Francesca Yorke

folio

Para Alida, que me animou a iniciar meu próprio périplo pelo mundo do vinho

Titulo original *Winetasting*

Rambla de Catalunya, 135

08008 - Barcelona

ISBN: 978-84-413-2583-8

Edição Brasil

Direção: José Luis Sánchez / Michel Teixeira

Tradução: Francisco César Manhães Monteiro

Revisão: Michel Teixeira

Diagramação: FA Editoração

Printed in Spain

Conteúdo

Por que o vinho?

Nunca houve uma época melhor que esta para nos interessarmos pelo vinho: são produzidos cada vez mais vinhos de qualidade, dentro de uma gama de preços cada vez maior.

Por causa de sua fascinante variedade, o vinho pode parecer um tema difícil de dominar. Este livro, não entanto, concentra-se nos aspectos mais genéricos, deixando de lado as singularidades. Seu objetivo é descomplicar o mundo do vinho, animando os leitores e seus próximos a escolherem vinhos que ainda não experimentaram, aproveitando a maravilhosa variedade de vinhos disponível hoje em dia no mercado.

Considerado em sua essência mais básica, o vinho é um produto agrícola como o queijo ou o pão. É o resultado da fermentação do mosto, um processo através do qual o açúcar da uva madura transforma-se em álcool. E, no entanto, é um produto com qualidades únicas que ao longo de milhares de anos cativou as pessoas e estimulou suas mentes.

Um vinho pode transformar uma simples refeição num acontecimento especial. É o complemento ideal dos alimentos; abre o apetite e ajuda a digestão. Pode contribuir para uma redução do colesterol e é uma agradável fonte de vitaminas e oligoelementos.

Uma das principais características do vinho é a complexa variedade. Pode ser elaborado com centenas de diferentes variedades de uva, com diversos métodos, em qualquer parte do mundo. O vinho é uma matéria viva e se transforma com o tempo.

Para cada pessoa, a degustação do vinho constitui uma experiência particular. Depende dos gostos do degustador. Assim como ocorre com a arte, pode-se ter preferência por determinado estilo. Preferir o estilo de Van Gogh ao de Mondrian, por exemplo. É preciso confiar no próprio gosto que, certamente, evoluirá com o passar do tempo.

É possível apreciar o vinho em muitos níveis. Conhecê-lo é como conhecer uma pessoa. É possível ter um contato superficial ou chegar a ter intimidade. A única certeza é que, no caso do vinho, sempre haverá um nível acima a ser explorado. Nunca se chega ao ponto de se saber tudo. Quanto mais se aprofunda, melhor o resultado. Esperamos que este livro possa ser a chave que lhe abra as portas desse fascinante processo.

por que o sabor de um vinho difere do de outro?

As diferenças no sabor de um vinho devem-se fundamentalmente aos diversos graus de acidez, açúcares, taninos e álcool. Essas diferenças determinam o tipo ou "estilo" do vinho. Em linhas gerais, para dividir os vinhos em categorias utilizamos seu "corpo" e doçura: brancos frescos e secos, brancos aromáticos e semi-doces, brancos robustos e "ricos", vinhos doces, vinhos rosés, tintos leves e frutados, tintos aveludados e medianamente robustos, e tintos robustos.

Há outros tipos de vinhos: os generosos, como o vinho do porto ou o xerez, aos quais foi acrescentado álcool vínico. Os vinhos espumantes são outro estilo de vinho. Muitos deles são submetidos a uma segunda fermentação, para induzir o aparecimento de borbulhas.

Mas o que concede a cada vinho seu caráter próprio? A variedade de uva utilizada na elaboração, a região de origem, o ano em que a uva foi vindimada, a contribuição da experiência do viticultor e o tempo de maturação do vinho em questão.

VARIEDADES DE UVA

O vinho pode ser elaborado com diversas variedades de uvas pretas ou brancas. A escolha da variedade que será plantada a fim de elaborar um determinado vinho é um dos fatores fundamentais do sabor final que este terá. Há muitas variedades dentre as quais escolher, e a decisão de cultivar uma ou outra é tomada principalmente em função do clima e do tipo de solo onde será plantado o vinhedo.

Para elaborar vinho pode-se utilizar uma única variedade de uva, digamos a chardonnay. O vinho assim obtido é chamado monovarietal. Nos novos países produtores de vinho, como a Austrália e os Estados Unidos, na região francesa da Alsácia e na Alemanha, o vinho recebe o nome da variedade com que foi elaborado. No entanto, na Europa tradicionalmente se dá ao vinho o nome da região em que foi elaborado e não o da variedade de uva, como é o caso do chablis francês, por exemplo, elaborado com 100% de uva chardonnay.

Mas também se produz vinho mediante um corte, ou mistura de diversas variedades de uva. É o caso da região de Champagne, onde são usadas variedades pretas (pinot noir e pinot meunier) e brancas (chardonnay). Bordeaux é outra região onde se recorre ao corte, neste caso combinando as variedades tintas cabernet sauvignon, merlot e cabernet franc. Assim se

obtém uma maior complexidade do sumo final, com cada variedade contribuindo com suas características individuais.

A maioria das variedades de uva pode ser identificada no "nariz" e no "paladar" por suas características específicas (ver páginas 48-56), que variam conforme o clima do lugar em que foram cultivadas. Nas regiões mais quentes, por exemplo, os sabores tendem a ser mais ricos e intensos.

A idade do vinhedo também afeta o sabor de um vinho. Quanto mais velha for a cepa, menos uva produzirá e mais intenso será o sabor. A cepa pode chegar a viver mais de um século.

A REGIÃO

As vinhas destinadas a produzir vinho são cultivadas em duas faixas que rodeiam o mundo, entre os 30 e os 50 graus de latitude Norte e de latitude Sul. Dentro destas faixas, o clima é quente o bastante para que os cachos amadureçam, e ao mesmo tempo fresco o bastante para que preservem certa acidez.

A zona produtora de vinho no hemisfério Norte abrange a América do Norte e a Europa, enquanto no hemisfério Sul abrange a América do sul, a Austrália e a Nova Zelândia.

Além do critério geográfico, também nos referimos às regiões produtoras de vinho em função da época em que se iniciou a elaboração de vinho ali: o "Novo Mundo" e o "Velho Mundo". Estas não são definições precisas, mas um modo simples de diferenciar a Europa (o Velho Mundo) dos países de produção mais recente. No Novo Mundo, o vinho é produzido na América do Norte, na América do Sul, na África do Sul e na Nova Zelândia.

Em geral, nos climas mais frios são produzidos vinhos mais ácidos e com um sabor mais sutil. Climas mais temperados propiciam a elaboração de um vinho mais frutado, com uma maior graduação alcoólica e com menor acidez. É algo que se observa no aspecto, na fragrância e no sabor dos vinhos.

O sabor é afetado pela região na qual um vinho foi produzido como resultado das diferenças no clima, no tipo de solo e no posicionamento do vinhedo. Na Europa, estes fatores sempre foram determinantes, e para descrevê-los emprega-se o termo francês *terroir* ("terrão", em português). Este conceito encontra-se na base dos diversos sistemas de classificação adotados pelos diversos países produtores de vinho: a *Apellation d'Origine Contrólée* (AOC), da França. A Denominação de Origem (DO), da Espanha, a *Qualitatswein bestimmter Anbaugebeite* (QbA) e a *Qualitatswein mit Prädikat* (QmP), da Alemanha, e a *Denominazione di Origine Controllata* (DOC), italiana. Todos estes sistemas de classificação impõem um conjunto de normas destinadas a manter as características do *terroir*.

Quando se escolhe um vinho com um rótulo de denominação de origem controlada, garante-se

Na Europa, o vinho recebe geralmente o nome da região em que foi elaborado (esquerda); no entanto, na maioria dos novos países produtores é denominado pelas variedades de uva utilizadas na elaboração (acima).

que foi elaborado dentro dos confins marcados. Mas, lamentavelmente, isso não assegura que o vinho seja bom. A única garantia de qualidade provém da boa reputação do elaborador.

Em algumas regiões vinícolas do Velho Mundo, recorre-se a sistemas de classificação suplementares para destacar vinhedos considerados melhores que outros. Isto é indicado no rótulo por termos como *grand crû* ou *premier crû*. No entanto, é preciso considerar que a qualidade indicada com esses termos difere de região para região e de um produtor a outro.

No Novo Mundo, os rótulos indicam as regiões de produção, mas não existe um sistema rígido de classificação. Isto permite que os viticultores desfrutem de uma maior liberdade para experimentar diversas variedades de uvas e tipos de vinho.

A SAFRA

A safra de um vinho indica o ano em que as uvas foram vindimadas. Não sendo um vinho combinado com diferentes safras, esse ano vem indicado no rótulo.

Em climas mais frios, pode haver uma grande variação de clima no momento de iniciar a vindima anual. Isto afeta as características do vinho pronto. Em climas mais temperados, a variação entre um ano e outro não é tão determinante e, por isso, a safra não é um critério tão importante no momento de escolher uma garrafa.

O PRODUTOR

O vinicultor pode ser comparado a um *chef*. É uma pessoa que, embora siga um método estabelecido, variará a composição do produto de acordo com a uva que for colhida cada ano. O sabor e a qualidade do caldo final dependerão do momento em que se decidiu

A região onde um vinho é produzido afeta seu sabor.

que a uva estava no ponto de amadurecimento ótimo para ser vindimada, a temperatura na qual foi fermentado o mosto e o tempo durante o qual foi deixado fermentando, se foram usados tonéis de carvalho, quanto tempo o vinho foi envelhecido (caso tenha sido) e o momento em que se decidiu engarrafá-lo.

Mantê-lo um tempo em tonéis de carvalho antes de engarrafá-lo proporciona ao vinho um sabor característico. A madeira de carvalho age sobre o vinho do mesmo modo como o sal e a pimenta agem sobre os alimentos.

Um envelhecimento adequado em tonéis de carvalho pode aprimorar o sabor de um vinho. Se, pelo contrário, o vinho é guardado demasiado tempo, a madeira mascara seu sabor. Nem todas as variedades de uva toleram bem os intensos aromas de tonel, particularmente algumas brancas.

MATURAÇÃO

O sabor do vinho, por ser uma substância viva, muda ao longo de seu ciclo de vida. A maior parte dos vinhos é produzida para ser consumida jovem. Não se aprimoram com o passar do tempo e seu ciclo de vida é curto. Um bom vinho, elaborado com uvas da melhor qualidade, justifica, por exemplo, o gasto de submetê-lo à maturação em tonéis de carvalho. Esses vinhos normalmente melhoram quando são engarrafados e guardados. Quando seus elementos estão "em equilíbrio", o vinho está "redondo", pronto para beber; a passagem pela boca é aveludada.

Entre as variedades de uva branca que envelhecem bem estão chardonnay, riesling, chenin blanc, alvarinho, grenache branca e sémillon. Entre as variedades tintas, a cabernet sauvignon, merlot, shiraz/syrah, nebbiolo, sangiovese, tempranillo, alicante e pinot noir.

preparação de uma degustação em casa

Da esquerda para a direita: taça de vinho tinto padrão, taça tradicional de Bordeaux, taça de vinho branco padrão, taça tradicional da Borgonha, taste-vin padrão.

Para degustar um vinho na comodidade do próprio lar só são necessários os sentidos do degustador, uma taça e uma garrafa de vinho; no entanto, para desfrutar ao máximo os vinhos que serão degustados, vale a pena seguir alguns procedimentos.

O QUE É NECESSÁRIO

UM SACA-ROLHA E UMA FACA PARA CORTAR A CÁPSULA Assegure-se de cortar a cápsula por baixo do gargalo da garrafa.

UMA MESA COBERTA COM UMA TOALHA BRANCA O fundo branco ajuda a realçar a cor do vinho. Se for necessário, é possível conseguir o mesmo efeito com uma folha de papel branca.

UMA TAÇA COM CÁLICE FECHADO As taças mais apropriadas para degustar um vinho têm uma forma côncava curvada para dentro, a fim de captar melhor as fragrâncias do líquido e dirigi-las ao nariz, um dos sentidos primordiais no momento de avaliar um caldo. A taça deve ser de cristal transparente e fino, com um pé que permita levantá-la e remover e inclinar o vinho dentro dela, sem que isto afete a temperatura do liquido. Caso seja necessário, pode aquecer-se levemente o vinho, mantendo a taça entre as mãos por alguns minutos.

BOA LUZ A luz ideal é a diurna.

AUSÊNCIA DE FUMAÇA E DE CHEIROS FORTES.

SEM SABORES ANTERIORES NA BOCA O pão ou os biscoitos são ideais para limpar o paladar.

ÁGUA Para beber e limpar a boca enquanto se degusta o vinho.

ESCARRADEIRA Qualquer recipiente grande ou simplesmente uma garrafa com um funil podem servir. A decisão de cuspir ou não o vinho dependerá do tipo de degustação que se realiza e do número de vinhos diferentes que é preciso degustar. Para degustar corretamente um vinho, não é necessário bebê-lo; a maior parte das papilas gustativas está situada na língua. Cuspi-lo ajuda a discernir cada um dos gostos peculiares que o vinho contém. Ainda assim, é bom lembrar que, mesmo quando se cospe o vinho bochechado na boca, uma pequena quantidade de álcool é absorvida através das mucosas da cavidade bucal.

PREPARAÇÃO DE UMA DEGUSTAÇÃO

O TEMA É possível delimitar uma degustação a uma variedade de uva, a uma região ou, por exemplo, a uma safra, e nela é possível incluir tanto vinhos tintos quanto brancos. É proveitoso comparar vinhos dentro da mesma gama de preços. E é uma boa idéia pedir aos convidados que tragam garrafas que se encaixem no tema escolhido. É preciso tentar aprender algo de antemão sobre os vinhos que serão degustados.

O FORMATO Depende do espaço disponível e de se a intenção é realizar uma degustação rigorosa ou algo mais informal.

DEGUSTAÇÃO CLÁSSICA Para organizar tudo ao modo clássico, as taças são postas em fileiras com os diversos vinhos a serem degustados, numa mesa coberta com uma toalha de pano branca. Com as fichas de degustação, cada pessoa pode anotar suas impressões depois de degustar cada um dos vinhos. O mais prático é fotocopiar a ficha de degustação reproduzida na página 46. Se vão degustar vários vinhos, proporcione para cada degustador um círculo numerado sobre o qual possa depositar a taça do vinho que está experimentando a fim de evitar confusões. Para fazer isso, marque o contorno do pé de uma taça com um lápis e numere os círculos assim obtidos.

DEGUSTAÇÃO INFORMAL Pode ser realizada na sala de estar, com os convidados sentados ou de pé, ou na sala de jantar, no decorrer de uma refeição. Confira na página 56 os modos de combinar os pratos cozidos e os vinhos. Num ambiente assim relaxado, é possível utilizar a mesma taça para diversos vinhos.

DEGUSTAÇÃO ÀS CEGAS Para fazer uma degustação às cegas é preciso esconder todos os rótulos. É possível fazer isso enrolando as garrafas em papel alumínio, papel de embrulho, ou passando o vinho para uma garrafa vazia da qual foram retirados os rótulos, para evitar que a forma da garrafa original dê pista do conteúdo.

Nas diversas regiões, são usadas garrafas de diferentes formas. Da esquerda para a direita: vinhos de Bordeaux, da Alemanha e da Borgonha. Para uma degustação às cegas, recomenda-se numerar as garrafas para poder identificá-las depois (direita).

Numere as garrafas escondidas para evitar confusões. Assim se consegue que somente as qualidades organolépticas de cada vinho sejam usadas para identificá-los. Se o leitor é novato na arte de degustar vinho, a degustação às cegas é um método propício para familiarizá-lo com os diversos sabores do vinho sem a interferência informativa dos rótulos.

NÚMERO DE VINHOS Não é preciso cair na tentação de degustar um número excessivo de vinhos. Para começar, experimente dois vinhos elaborados com a mesma variedade de uva, mas procedentes de partes diferentes do mundo. Sirva sete ou oito vinhos, no máximo.

QUANTO VINHO É NECESSÁRIO Para degustar um vinho, serve-se na taça um terço do que seria servido normalmente. De uma garrafa de 750 ml serão servidas de 15 a 20 taças. Caso reste vinho, pode-se fechar a garrafa com uma rolha de cortiça.

DESARROLHAR E DEGUSTAR Abra as garrafas um pouco antes de iniciar a degustação do vinho e verifique se o conteúdo está em boas condições. Tampe-as de novo cuidadosamente. Ver as páginas 30 e 32 sobre como fazer isso e como detectar os defeitos mais comuns.

DECANTAÇÃO Consiste em verter o vinho da garrafa numa jarra ou decantador. Com a decantação obtêm-se duas coisas: eliminam-se os sedimentos de um vinho maduro e "suaviza-se" um vinho tinto jovem robusto. Ao arejar o vinho, acelera-se o florescimento de suas características. Ao mover o vinho, girando-o na taça, consegue-se o mesmo efeito. Deixar a garrafa aberta durante uma ou duas horas para que o vinho "respire" é uma forma efetiva de oxigená-lo, mas sempre após extrair um pequeno volume de vinho para aumentar a câmara de ar na garrafa.

TEMPERATURA Para apreciar um vinho em todo seu potencial, é preciso servi-lo numa temperatura adequada.

TEMPERATURAS A NAS QUAIS É PRECISO SERVIR OS VINHOS

	REFRIGERAÇÃO	TEMPERATURA DE SERVIR
VINHOS BRANCOS		
Vinho de agulha	4h	5-10º C
Frescos e secos	1h30	10-12º C
Aromáticos de corpo médio	2h	10-12º C
Doces com corpo	1h30	10-12º C
Secos com corpo	1h	12-16º C
VINHOS ROSÉ	1h30	10-12º C
VINHOS TINTOS		
Tintos leves e frutados	1h	12-16º C
	DEIXAR REPOUSAR NUM CÔMODO SEM CALEFAÇÃO	
Aromáticos de corpo médio	1h	14-17º C
Com corpo	2h	15-18º C

Em caso de dúvida, sirva tanto o vinho tinto quanto o vinho branco um pouco frio, especialmente para degustá-los. Os vinhos aumentam de temperatura durante a degustação, não importa a temperatura ambiente. Como o frio reduz a intensidade dos sabores, quanto mais corpo tenha um vinho, mais elevada é a temperatura em que deve ser servido. O nível de taninos de um vinho tinto é um bom indicador da temperatura na qual é preciso servi-lo. Os vinhos tintos com poucos taninos podem ser levemente esfriados. Não é preciso preocupar-se com a expressão "à temperatura ambiente", porque ela foi cunhada na época anterior à calefação central e à refrigeração.

ORDEM NA QUAL SERVIR É bastante simples: secos antes dos doces, brancos antes dos tintos, leves antes dos robustos, vinhos mais modestos antes dos vinhos de qualidade, vinhos jovens antes dos envelhecidos. Assim se consegue que as papilas gustativas tenham tempo de adaptar-se à crescente potência e complexidade, de modo que o sabor de um vinho não fique mascarado pelo anterior.

SERVIÇO DO VINHO E DEGUSTAÇÃO Pode-se servir o vinho ou passar a garrafa para que os participantes leiam a rótulo (se não for uma degustação às cegas). Degustem em conjunto cada vinho, seguindo as fichas de degustação (ver página 46). Tenha este livro à mão para responder às dúvidas que possam ir surgindo.

GUARDAR O VINHO RESTANTE O vinho começa a deteriorar-se assim que a garrafa é aberta. Quanto mais tempo fique exposto ao ar, mais depressa vai oxidar ou estragar. Se a garrafa é deixada aberta, o vinho acabará transformando-se em vinagre. Uma garrafa pela metade estragará antes de outra quase cheia. Se o oxigênio for retirado de dentro da garrafa com uma bomba a vácuo ou outro artifício semelhante, o vinho ficará conservado por mais tempo. Quanto mais alta for a graduação alcoólica de um vinho, melhor ele resistirá à passagem do tempo.

Gelo com água
num balde de gelo
esfria melhor
que o gelo
sozinho.

a arte de degustar vinho

Todos os vinhos têm sua própria história para contar. Quais uvas foram usadas, o lugar onde cresceram, como foram produzidos... O fato de degustar um vinho, mais que o fato de simplesmente bebê-lo, nos possibilita conhecer sua história através de nossos sentidos da visão, do olfato e do paladar. Quando olhamos, cheiramos e degustamos um vinho, cada um desses sentidos confirma ou nega aquilo que os outros sentidos nos comunicaram. Através deste processo, somos capazes de chegar a conclusões sobre o vinho em questão.

Este livro ensina como ler a história de um vinho, o que é preciso examinar, como se interpreta a informação que ele oferece e o que esta informação pode nos contar.

A música ou a pintura podem ser desfrutadas simplesmente escutando ou vendo. No entanto, um pouco de informação adicional aprimora a apreciação e o discernimento destas artes. O mesmo acontece com o vinho. O simples ato de beber vinho é sem dúvida alguma uma experiência prazerosa. Mas quando se aprende algo mais sobre ele, a experiência torna-se ainda mais agradável.

Às vezes se critica a linguagem relacionada ao vinho por ser prolixa, exagerada e frívola. Não deixe que isso o intimide; tente descrever o que está provando com palavras que signifiquem algo para você.

O vinho é uma substância única porquanto nos oferece um complexo espectro de sabores num só gole. Sua complexidade não tem paralelo com qualquer outra coisa que possamos degustar. Tentamos descrever seus sabores, comparando-os a cheiros e gostos que experimentamos antes. "Toda vez que cheiro um vinho maduro do vale do Rhône, lembro do cheiro dos bancos de couro do carro esportivo que meu pai dirigia." As palavras transformam-se no gatilho que dispara lembranças especiais.

Os sabores esquematizados nas páginas seguintes são apenas uma orientação. Não são critérios rígidos, mas sim idéias para ajudá-lo a preparar sua própria lista de palavras chave para descrever o vinho. Lembre que o importante são suas próprias percepções e lembranças.

visão

Não subestime a importância dos olhos na hora de realizar uma degustação. Eles não apenas fornecerão indícios sobre a idade de um vinho e sua origem, como lhe ajudarão a decidir se o vinho está em condições de ser degustado.

O QUE FAZER

SIRVA O VINHO Pegue uma taça com as paredes curvadas para dentro e encha-a até um terço da capacidade. Assim se concede ao vinho espaço para mover-se e respirar.

SEGURE A TAÇA PELO PÉ Para que o vinho não esquente e você possa apreciar sua aparência com facilidade, é melhor segurar a taça pelo pé e não pelo cálice.

INCLINE A TAÇA Incline a taça uns 45° sobre um fundo branco para apreciar a cor do vinho. Observe o centro do líquido e sua borda.

COLOQUE A TAÇA SOBRE UMA SUPERFÍCIE BRANCA A melhor forma de apreciar a intensidade e a profundidade da cor de um vinho é olhando-o de cima.

O QUE OLHAR

TRANSPARÊNCIA É transparente ou opaco? Os vinhos devem ser transparentes e límpidos. Se estiverem embaçados, algo não está bem. É possível cheirá-lo para comprovar se emana um cheiro desagradável, mas um vinho que esteja turvo indica com certeza que não está em boas condições.

BORBULHAS Se não é um vinho de agulha, a presença de borbulhas, por si mesma, pode indicar que não está em bom estado. No entanto, alguns vinhos elaborados para ser bebidos ainda jovens podem ter umas poucas borbulhas.

Os inofensivos cristais de tartarato de um vinho são um bom sinal, porque indicam que o vinho não foi excessivamente mexido.

TEXTURA Tem aparência gordurosa ou aguada? Deixa uma película sobre as paredes da taça? Essa viscosidade indica uma alta graduação alcoólica e uma concentração de fruta madura chamada "extrato". Nos vinhos brancos também pode indicar dulçor.

BORRAS Percebe-se algum depósito no vinho? Pode tratar-se do sedimento produzido durante o envelhecimento, uma borra turva que, normalmente, aparece somente nos vinhos tintos. Geralmente, costuma formar-se nos vinhos envelhecidos em tonéis ou em vinhos novos que não foram filtrados.

Tanto nos vinhos tintos quanto nos brancos é possível encontrar cristais parecidos com pequenos grãos de açúcar. Nos tintos, os pigmentos do vinho pintam esses grânulos de vermelho. Eles são chamados de "tartaratos". Caso pedaços de cortiça caiam dentro uma garrafa quando ela for aberta, devem ser retirados. Não é nenhum problema; são inofensivos.

COR A cor de um vinho pode dar uma idéia de qual será o sabor. Também indica a variedade de uva com que ele foi elaborado, a região em que se encontra o vinhedo, como esteve o tempo durante o ciclo de crescimento e a idade do vinho.

Dado que são muitos os fatores que afetam a cor, o que segue é somente uma orientação geral.

A melhor forma de descrever uma cor consiste em compará-la com as coisas que nos rodeiam; a cor da compota de ameixas da avó ou da mesa de mogno da sala de jantar.

VARIEDADE DE UVA Com algumas variedades de uva são produzidos vinhos de cores caracteristicamente claras ou escuras. Os vinhos elaborados com sauvignon blanc, riesling, macabeu, verdejo e chenin blanc (quando secos e jovens) são vinhos de um amarelo pálido. Os elaborados com chardonnay, viognier, alvarinho e gewurztraminer (que costuma ter uma tonalidade rósea) têm peculiares cores amarelas mais intensas. Das pinot noir e grenache são obtidos vinhos tintos de cor clara. Com as cabernet sauvignon, alicante e shiraz são preparados vinhos de cor mais escura.

A cor dos vinhos brancos provém principalmente do mosto da uva, e vai do amarelo pálido com uma tonalidade esverdeada (quando são jovens) ao amarelo palha, chegando ao ouro intenso. Os vinhos brancos fermentados ou envelhecidos em tonéis de carvalho podem apresentar uma cor amarela mais intensa com orlas mais douradas.

A cor dos vinhos tintos provém do contato com os bagaços durante a fermentação, e vai do púrpura ao carmesim, chegando ao marrom avermelhado. Os vinhos tintos apresentam um leque de cores que são úteis na hora de determinar a variedade de uva e a idade do caldo.

A cor dos vinhos rosés oscila entre o laranja e o rosa. A cor dos melhores rosés provém dos bagaços das uvas negras. Estas são deixadas durante um curto período em contato com o mosto que está fermentando.

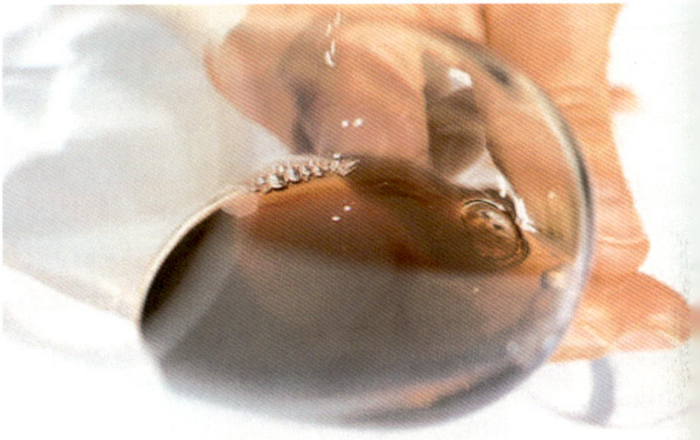

REGIÃO, CLIMA E TEMPO Quanto mais frio é o clima, mais clara será a cor do vinho. Em climas mais quentes, a uva amadurece mais, a casca é mais espessa e a cor do vinho fica mais intensa. Os vinhos brancos elaborados nas regiões frias de Chablis, na França, ou no Vale do Mosela, na Alemanha, podem apresentar uma tonalidade esverdeada proveniente da clorofila presente na uva meio verde.

IDADE DO VINHO Tanto os tintos quanto os brancos podem ficar marrons com o passar do tempo, devido ao contato prolongado com o ar da garrafa, que acaba oxidando-os. Quando envelhecem, os vinhos tintos perdem a tonalidade púrpura que apresentam quando são jovens, e a cor vermelha começa a se decompor. Os vinhos brancos escurecem com o tempo, adquirindo uma tonalidade dourada que evolui para o ocre e o marrom no final de sua vida.

ESTILO DO VINHO Geralmente, quanto mais pálida for a cor de um vinho, menos corpo terá e mais leve será na boca. Com os vinhos tintos, a intensidade da cor, mais que a cor propriamente dita, será a indicação mais útil na hora de definir seu estilo.

INTENSIDADE DA COR A cor é clara ou é intensa? É uniforme? A intensidade da cor, tanto nos vinhos tintos quanto nos brancos, pode ser uma indicação de que os caldos em questão são robustos. A profundidade da cor de um vinho tinto é um bom indicador de sua idade. Um vinho envelhecido pode ser reconhecido pela deterioração de sua cor. Quando é mexido, a cor da camada fina torna-se laranja/marrom e, finalmente, fica branco aguado. Em pouco tempo, os pigmentos se desintegram, começando pela borda da taça e avançando para o centro.

olfato

Ao degustar um vinho, o nariz nos proporciona mais informação que a língua. Costuma-se dizer que 80% de nossa percepção gustativa provêm do nariz.

O cheiro de um vinho é chamado de seu "nariz" ou aroma. Quando nos referimos ao aroma, também podemos falar de bouquet, quando o vinho degustado foi envelhecido.

O QUE FAZER

GIRE O VINHO NA TAÇA Quando se aumenta a área da superfície do vinho e o contato com o ar, a evolução na taça é favorecida.

INCLINE A TAÇA Incline levemente a taça em sua direção. Isto aumentará a superfície exposta do vinho.

CHEIRE BREVE E INTENSAMENTE, APROXIMANDO O NARIZ DA BORDA DA TAÇA O olfato acostuma-se rapidamente aos aromas; por isso é que é preciso mantê-lo fresco, cheirando o vinho rapidamente.

CHEIRE DE NOVO VÁRIAS VEZES Isto permitirá entender todas as diversas fragrâncias do vinho, embora seja preciso levar em conta que as primeiras impressões costumam ser as mais corretas.

O QUE AVERIGUAR

LIMPIDEZ O cheiro é límpido ou sujo? O cheiro é agradável ou desagradável? O principal motivo para cheirar um vinho consiste em determinar se está ou não em boas condições. Alguns vinhos têm cheiros de substâncias que normalmente não seriam associados a este produto; o riesling maduro tem cheiro de petróleo e o pinot noir maduro, cheiro de esterco, o tempranillo de

Ribera de Duero, de água parada. Estes cheiros não indicam um mal estado do vinho ou que necessite certa oxigenação. No entanto, o cheiro de couve podre, meias sujas, remédio, vinagre ou papelão (entre outros) podem indicar que o vinho não está bom. Se, após arejarmos o vinho agitando a taça, estes cheiros desagradáveis persistirem, então já é possível dizer que o vinho não está boas condições. A seguir são indicados alguns dos possíveis problemas:

ROLHA Quando um vinho tem "cheiro de rolha", emana um desagradável cheiro de mofo causado por um defeito na tampa. O responsável por isso é uma substância denominada tricloroanisol (TCA) que afeta algumas rolhas.

OXIDADO Diz-se que um vinho está oxidado quando perde seus aromas frutais e fica rançoso (lembra um pouco o xerez, sem chegar a ser xerez). Isto acontece quando fica exposto ao ar por um defeito da rolha, por exemplo. Com o passar do tempo, um vinho exposto ao ar virará vinagre.

SULFUROSO Diz-se do vinho que foi contaminado por um cheiro de enxofre, parecido com o dos ovos podres ou o de um fósforo que acabou de ser aceso. Não é um defeito permanente e pode ser dissipado girando o vinho na taça. É causado por um uso excessivo do dióxido de enxofre no processo de vinificação, composto químico utilizado principalmente para interromper a oxidação dos vinhos brancos.

AROMA O cheiro do vinho: é frutado, floral, vegetal ou especiado? Surpreendentemente, poucos vinhos têm cheiro de uva. As uvas são compostas por substâncias químicas similares às que compõem as frutas, verduras e especiarias; por isso, quando provamos um vinho, ele nos lembra alguns destes aromas. O cheiro de um vinho pode-nos dar uma indicação das variedades de uva usadas em sua elaboração e de sua idade. Os vinhos mais envelhecidos tendem a liberar um odor mais complexo e especiado, menos frutado, que o dos vinhos mais jovens. Ver a página seguinte para mais detalhes.

INTENSIDADE DO AROMA O vinho apresenta um cheiro fraco ou um cheiro marcante? Algumas variedades de uva são mais aromáticas e perfumadas que outras.

VARIEDADES DE UVAS AROMÁTICAS Brancas: riesling, gewurztraminer, sauvignon blanc e chenin blanc. Tintas: pinot noir e cabernet franc. A intensidade do aroma também proporciona uma indicação da origem do vinho: quanto mais intenso ele for, mais provável será que tenha sido produzido num clima frio, e um aroma mais maduro, num clima quente.

O vinho pode ser comparado a uma vasta gama de produtos naturais. Este diagrama ajudará você a identificar alguns de seus sabores.

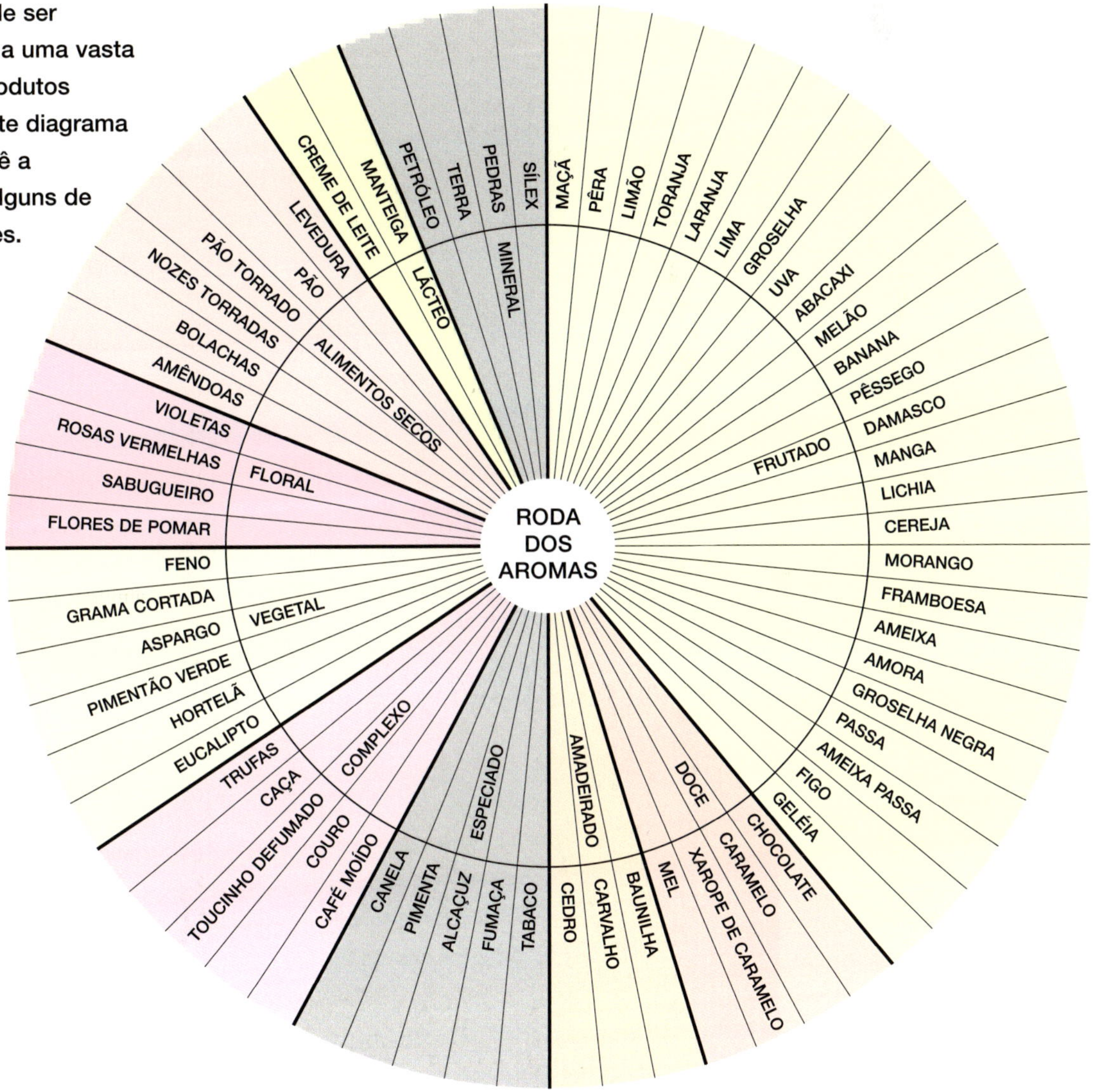

Certas regiões da língua são sensíveis a sabores específicos, como o ácido e o doce.

paladar

Utilizar o sentido do paladar é mais difícil que utilizar o do olfato ou o da visão, porque o vinho permanece na cavidade bucal durante um curto período de tempo. A maioria das papilas gustativas fica nas áreas da língua sensíveis a uma percepção específica, como o dulçor ou a acidez. O sentido do paladar representa a peça final do quebra-cabeça cuja conclusão nos permite extrair inferências sobre a qualidade de um vinho, seu amadurecimento e, o mais importante, se nos agrada ou desagrada.

O QUE FAZER

PASSE PELA BOCA UM GOLE DE VINHO Isto permite que todas as papilas da língua entrem em contato com o vinho. Deixe-o na boca alguns segundos para ter certeza disso. Os degustadores profissionais inspiram ao mesmo tempo, para aumentar o contato com o ar e dar ao vinho a oportunidade de abrir-se no palato.

CUSPA O VINHO NUM RECIPIENTE Isso não é obrigatório e depende do tipo de degustação que está sendo realizado e do número de vinhos a serem degustados. Esta operação pode ser executada na pia da cozinha.

O QUE AVERIGUAR

Ao degustar um vinho, observam-se os diversos elementos que compõem o sabor. Os elementos organolépticos primários, doçura, acidez, adstringência e álcool, compõem sua estrutura. O corpo e a textura de um vinho, ou a "sensação na boca", nos dão uma dimensão adicional. Seu caráter provém principalmente da intensidade de seus sabores. Seu equilíbrio geral e a persistência do sabor contribuem para que possamos emitir um julgamento sobre sua qualidade.

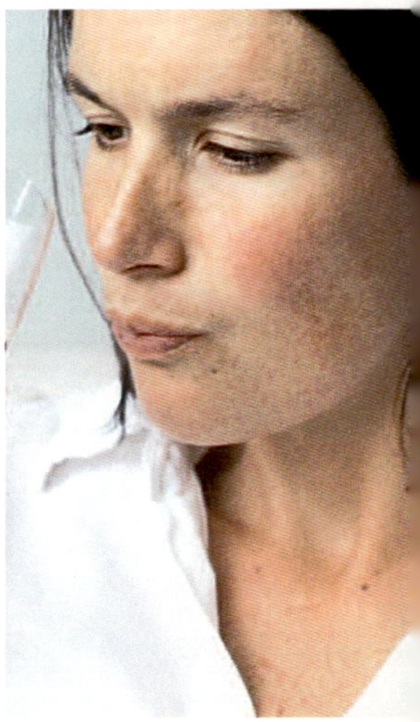

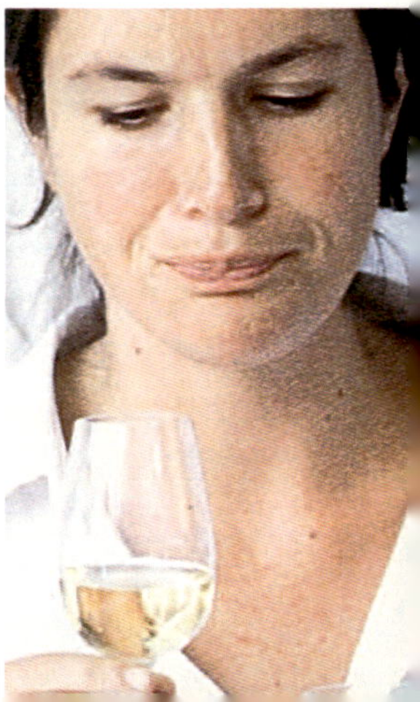

PRIMEIRA IMPRESSÃO

DOÇURA O vinho em questão é seco, semi-doce ou doce? O dulçor é notado com a ponta da língua e é um sabor mais associado aos vinhos brancos que aos tintos, já que a maioria destes últimos é deixada fermentando até que todo o açúcar desapareça. Qualquer "doçura" que possa haver nos tintos secos virá dos sabores de frutas doces e do álcool.

A doçura de um vinho provém sobretudo do açúcar presente na uva madura que permanece no vinho ao terminar a fermentação (açúcar residual). É algo que o vinicultor pode controlar à vontade. Nos vinhos mediterrâneos, o álcool também contribui para o sabor adocicado.

Atrasando o momento da vindima, consegue-se uma uva com maior concentração de açúcar do que o normal. Esta operação é chamada de "vindima tardia" ou *vendange tardive*, em francês. Às vezes, em certas condições climáticas, a casca da uva é atacada por um fungo chamado *botrytis cinerea* ou podridão nobre. Isto ajuda a concentrar o sumo da uva e transmite um peculiar sabor de mel ao vinho resultante.

Termos associados com o dulçor: Guloso, doce, abocado (levemente doce), seco.

Variedades de uva para vinhos doces: Furmint (com ela se elabora o tócai húngaro), chenin blanc (com ela se elabora o Demi-Sec ou o Moelleux Vouvray do Vale do Loire francês), muscat, riesling, sémillon, pedro ximenez (para elaborar os vinhos do mesmo nome de Montilla-Moriles e de Xerez), malvasia ou moscatel (para os doces mediterrâneos) e sauvignon blanc (em corte forma o sauternes de Bordeaux). Todas elas são brancas.

Quando um vinho tinto está pronto para ser consumido, o sabor deve ser harmonioso.

Termos associados com a secura: Seco.

Variedades de uva para vinhos doces: Melão da Borgonha (com ela é produzido o muscadet do Vale do Loire), sauvignon blanc (com ela é produzido o sancerre e o pouilly fumé, também do Vale do Loire), chardonnay (com ela se elabora o chablis francês), chenin blanc (com ela são produzidos o savenniéres e o vouvray sec do Vale do Loire), alvarinho (com ela são produzidos os vinhos das Rías Baixas, na Galícia) verdejo (para os vinhos de Rueda, Espanha).

Quando um vinho tinto está pronto para ser consumido, o sabor deve ser harmonioso.

ACIDEZ O grau de acidez do vinho é reduzido, médio ou elevado? A acidez é percebida nos lados da língua como uma sensação ardida parecida à de um limão. Faz salivar.

A acidez é produzida de um modo natural na uva e é um fator importante no vinho, por equilibrar a doçura. Os vinhos brancos têm uma acidez natural superior à dos vinhos tintos.

Quanto mais se deixe amadurecer a uva, maior será o nível de açúcares e menor a acidez. Os vinhos procedentes de regiões frias tendem a ser mais ácidos que os das regiões mais quentes. Por isso costuma-se minimizar o grau de acidez e maximizar o amadurecimento. Nas regiões quentes, faz-se o inverso.

Termos associados a uma elevada acidez: Verde, agressivo, mordaz, nervoso, acerbo.

Variedades de uva de acidez elevada: Sauvignon blanc, riesling e chenin blanc (para elaborar vinhos brancos). Cabernet franc, pinot noir, sangiovese, nebbiolo, carignan e gamay (para produzir vinhos tintos).

Variedades de uva com acidez reduzida: Sémillon, viognier, palomino fino, grenache branca, marsanne e gewurztraminer (para elaborar vinhos brancos). Cabernet sauvignon, merlot e shiraz (para elaborar vinhos tintos).

Termos associados do equilíbrio até a falta de acidez: Equilibrado, gordo, plano, suave, pesado (no caso de vinhos doces).

TANINO o vinho tem um nível de taninos alto, médio ou baixo? Os taninos são percebidos na parte posterior da língua e nos lados da boca. São amargos e têm gosto de chá forte; deixando a boca áspera ou adstringente (no jargão de degustação).

Os taninos vêm dos bagaços e dos caroços da uva. Os vinhos tintos são macerados com estas partes sólidas da uva durante a produção. Quanto mais escura for a casca das uvas, maior será o nível de tanino no vinho obtido. Sua presença ajuda a conservar o vinho e facilita seu envelhecimento. Também podem proceder da madeira de carvalho dos barris, se estes são utilizados na elaboração de um vinho. Os barris novos ou de volume mais reduzido proporcionam mais taninos ao vinho que é armazenado neles.

Quando um vinho tinto está pronto para ser consumido, o sabor deve ser harmonioso.

Termos associados aos níveis altos de taninos: Adstringente (áspero), rico, carnoso.

Variedades de uva com alto nível de taninos: Cabernet sauvignon, shiraz, nebbiolo, carmena, tempranillo e sangiovese (todas elas para vinhos tintos).

Termos associados aos níveis baixos de taninos: Maduro, aveludado, redondo, suave, bem integrado, tânico maduro, suave.

Variedades de uva com baixo nível de taninos: Pinot noir, gamay, mencia e cabernet franc (todas elas para vinhos tintos).

ÁLCOOL A graduação alcoólica é baixa, média ou alta? O álcool é percebido no céu da boca, com uma sensação de calor.

Os países de clima quente tendem a produzir vinhos de maior graduação alcoólica. As uvas maduras contêm mais açúcar, que, quando fermenta, produz um maior nível de álcool. O vinho pode ter de 8% de álcool, no caso dos vinhos brancos alemães, até 14,5% (ou mais), no caso dos vinhos brancos e tintos elaborados em lugares quentes, como o sul da Espanha, a Austrália e a

Califórnia. Os vinhos fortificados aos quais foi acrescentado álcool, como o vinho do porto ou o xerez, têm uma graduação superior aos outros.

Termos associados a uma alta graduação alcoólica: Generoso, licoroso, untuoso, cálido, quente, dessecante.

Variedades de uva com alto nível de taninos: Chardonnay, sémillon, chenin blanc, grenache branca, viognier, marsanne e gewurztraminer (para vinhos brancos).

Cabernet sauvignon, nebbiolo, sangiovese, shiraz, grenache e zinfandel (para vinhos tintos).

Termos associados aos níveis baixos de taninos: Aguado, fraco, leve.

Variedades de uva com baixo nível de álcool: Riesling, moscatel, palomino fino (para vinhos brancos). Cabernet franc, gamay, sumoll (para vinhos tintos).

CORPO O vinho é suave, médio, ou consistente? Quando é movido na boca, dá a sensação de ser leve e aguado, ou, ao contrário , dá a sensação de ser consistente? Com o termo "corpo" designa-se a densidade e complexidade do vinho na boca, que dá consistência a seu sabor. O corpo de um vinho é definido por sua graduação alcoólica e por sua concentração de "extrato" frutal.

Variedades de uva com bom corpo: Chardonnay, sémillon, viognier, marsanne e gewurztraminer (para vinhos brancos). Cabernet sauvignon, shiraz, grenache de videiras velhas, zinfandel e nebbiolo (para vinhos tintos).

Variedades de uva de corpo leve: Riesling, sauvignon blanc, chenin blanc quando é jovem, zalema (Huelva), ondarribi zuri (com a que se elabora o txacolí), loureria e treixadura (para os Ribeiros). Gamay, dolcetto, cabernet franc, pinot noir, barbera (para vinhos tintos).

TEXTURA Que impressão dá o vinho ao movê-lo com suavidade pela boca? É "suave" ou é pouco refinado? A "textura" de um vinho refere-se a suas qualidades tácteis, e freqüentemente é comparada a tecidos, como a seda.

A textura de um vinho é determinada por vários fatores: o grau de álcool, o nível de taninos, a concentração frutal e, sobretudo, o equilíbrio de todos os componentes.

Termos associados à textura: Suave, afinado, aveludado, sedoso, cremoso, consistente, cheio, corpulento, envelhecido, untuoso e acariciante.

1998

Variedades de uva com boa textura: Chardonnay, gewurztraminer, chenin blanc, alvarinho, grenache branca, sémillon (para vinhos brancos). Tempranillo, nebbiolo, cabernet sauvignon e shiraz (para vinhos tintos).

Termos associados à pouca textura: Aguado, diluído.

CARÁTER

SABOR O vinho tem gosto do quê? Seus sabores lembram alguma fruta, flor, condimento ou planta?

Os sabores de um vinho provêm principalmente das uvas utilizadas em sua produção e são similares aos que afloram quando os cheiramos. A maioria das variedades de uva tem aromas e gostos peculiares. Os vinhos tintos envelhecidos tendem a apresentar um gosto mais saboroso e especiado, enquanto os brancos envelhecidos tendem a ser mais melosos. Os vinhos jovens costumam ter sabores frutais.

Termos associados: Ver páginas 33 e 48-55.

INTENSIDADE DO SABOR O sabor é marcante ou é fraco? Referimo-nos ao grau de "concentração" de sabores no vinho.

Termos associados a sabores marcantes: Concentrado, intenso.

Variedades de uva que podem dar vinhos de sabor pronunciado: Sauvignon blanc, riesling, moscatel, gewurztraminer, viognier, alvarinho e chenin blanc se for envelhecido e doce (para vinhos brancos). Cabernet sauvignon, cabernet franc, tempranillo, grenache e mencia de videiras velhas e shiraz (para vinhos tintos).

Termos associados a sabores leves: Diluído.

CONCLUSÕES

EQUILÍBRIO Os componentes do vinho estão em harmonia? Estão desequilibrados? Um vinho bem equilibrado é um vinho cujos componentes estão em harmonia, sem que nenhum se destaque sobre os outros. Os componentes de um vinho desequilibrado não formam um conjunto homogêneo e sem arestas.

Todo vinho, no momento em que estiver pronto para ser servido, deve atingir certo equilíbrio. Alguns bons vinhos precisam de um tempo antes de amadurecer e alcançar esse estágio. O equilíbrio é símbolo de qualidade, algo não necessariamente intrínseco ao preço.

RETROGOSTO Longo, médio, ou curto? Quanto tempo permanece o gosto do vinho na boca, após ser engolido ou cuspido? Em geral, quanto mais persistente for o retrogosto, melhor será a qualidade de um vinho.

As fichas de degustação podem ser úteis no futuro.

CONCLUSÕES DA DEGUSTAÇÃO

Agora que reunimos as diversas partes da história que nossos sentidos foram contando, é hora de tirar conclusões. E a mais importante é decidir se gostou, ou não, do vinho.

QUALIDADE A qualificação adequada de um vinho é provavelmente uma das conclusões mais importantes. A qualidade de um vinho é definida por seu equilíbrio ou por suas possibilidades de alcançar um bom equilíbrio quando estiver pronto, sua complexidade e seu retrogosto.

Um vinho "pronto" apresenta uma variedade de sabores, freqüentemente distribuídos em estratos. A sutileza é algo a ser considerado; os sabores devem ser mais delicados que arrebatadores. Referimo-nos a isto quando qualificamos um vinho como "redondo".

Tente avaliar se o vinho degustado cumpriu as expectativas quanto a preço, classificação, produtor ou safra.

MATURIDADE Outra das razões para realizar uma degustação é averiguar se o vinho está redondo, pronto para ser consumido, e, caso não esteja, quanto vai demorar a estar. Um vinho de qualidade melhora com a maturação no barril ou na garrafa. Adquire textura, torna-se menos frutado, e o sabor fica mais complexo. É difícil decidir em que momento um vinho está no ponto ótimo para ser bebido.

Há muitos fatores envolvidos nisso: a safra, a variedade de uva, a região, o viticultor e as condições em que foi guardado após ser engarrafado. Degustá-lo em intervalos regulares é um bom modo de comprovar sua evolução.

FICHAS DE DEGUSTAÇÃO Preencher fichas de degustação implica pôr em palavras uma experiência sensorial, algo que pode ser difícil. Lembre que é preciso utilizar termos que tenham significado para você, que ajudem a fixar em sua mente as sensações que tenha experimentado ao degustar o vinho em questão. A atribuição de uma nota ou classificação pode ser uma maneira efetiva de lembrar o vinho que mais lhe agradou.

O modelo de ficha de degustação da página 46 é uma boa base para criar suas próprias fichas. Ao começar a degustar vinho, faça uma fotocópia para utilizar como orientação do que é preciso analisar. Preencha em primeiro lugar os dados do vinho que vai degustar, com o nome do produtor e o ano da colheita. Sem essa informação, as fichas de degustação carecem de interesse. Ao provar o vinho, sublinhe os termos apropriados ou escreva sua opinião. Finalmente, tente descrever a impressão geral que o vinho lhe causou, baseando-se nas características primordiais. Assim, por exemplo: "De cor vermelha suave com fragrâncias de amêndoas e cerejas. Tem um delicioso sabor de framboesa céu da boca, com taninos amortecidos e um prolongado retrogosto".

FICHA DE DEGUSTAÇÃO

NOME DO VINHO (incluindo safra, produtor, região, etc.)

Onde foi comprado:

Quando foi comprado:

Preço:

SENTIDOS: PONTOS A SEREM OBSERVADOS	TERMOS A SER USADOS: QUAIS SÃO APROPRIADOS	COMENTÁRIOS SOBRE PONTOS CHAVE
VISÃO		
Transparência	Límpido, irisado	
Borbulhas	Borbulhante, sem gás	
Densidade	Aguado, espesso	
Depósitos	Com, sem	
Cor: Branco	Limão, ouro	
Cor: Tinto	Púrpura, carmesim, vermelho telha	
Cor: Rosé	Laranja, rosa	
Intensidade da cor	Pálido, intenso (capa fina, intermediária)	
OLFATO		
Limpidez	Límpido, sujo	
Aroma	Frutal, floral, vegetal, especiado	
Intensidade	Fraco, marcante	
PALADAR		
Doçura	Seco, semi-doce, doce	
Acidez	Baixa, média, alta	
Taninos	Baixos, médios, altos	
Álcool	Baixo, médio, alto	
Gosto	Frutal, floral, vegetal, especiado	
Intensidade	Fraco, marcante	
Equilíbrio	Bom, desequilibrado	
Retrogosto	Breve, médio, prolongado	

Corpo	Leve, médio, robusto	
Textura	Suave, áspero	
CONCLUSÕES		
Qualidade	Baixa, aceitável, boa	
Maturidade	Verde, apropiada para beber, velho	
QUALIFICAÇÃO GLOBAL		
NOTA Impressão global até vinte		

Fotocopie este modelo para utilizar em suas degustações. Lembre-se de utilizar termos que signifiquem algo para você; assim as fichas servirão como referência útil.

variedades principais de uva

CHARDONNAY

AROMAS PRINCIPAIS: Melão, frutas secas, abacaxi, maçã, manteiga, baunilha (se foi envelhecido em barris de carvalho).

CARÁTER: Adaptável, alta graduação alcoólica, sem características próprias notáveis, portanto responde ao ambiente em que cresceu; acidez moderada tendendo a alta, aprimora-se no barril de carvalho, melhor jovem, exceto na Borgonha.

REGIÕES CHAVE: Borgonha, Champagne (em corte com a pinot noir e a pinot meunier), Espanha (Penedés, Somontano, Navarra e outras). Austrália, Califórnia, África do Sul, Nova Zelândia.

SAUVIGNON BLANC

AROMAS PRINCIPAIS: Aspargo, groselha, grama, frutas tropicais (manga).

CARÁTER: Aromática, elevada acidez, freqüentemente misturada com a sémillon para elaborar vinhos doces ou secos, não aceita bem o barril de carvalho nem admite o envelhecimento, exceto em corte.

REGIÕES CHAVE: Vale do Loire (Pouilly-Fumé e Sancerre) e Bordeaux (Péssac-Leognan em corte), Espanha (Rueda), Nova Zelândia, Chile, Califórnia e Austrália.

ALVARINHO

AROMAS PRINCIPAIS: Uva, grama cortada, cítricos, frutas tropicais.

CARÁTER: É uma das variedades com maior potencial aromático na Espanha. Boa acidez. Aceita muito bem o envelhecimento sobre cordas trançadas, que lhe proporciona uma textura melhor. Evolui bem na maturação em garrafa nas boas safras, embora geralmente seja consumido jovem.

REGIÕES CHAVE: Espanha (Rías Baixas e outras regiões galegas). Portugal (Douro).

MACABEU

AROMAS PRINCIPAIS: Cítricos, maçã, abacaxi, flores brancas.

CARÁTER: Seus vinhos suaves e elegantes fazem parte do corte tradicional do vinho cava, espumante espanhol, junto com a parellada e o xarello. Vinhos com boa acidez e moderada graduação alcoólica. Não suporta muito bem o envelhecimento em tonéis.

REGIÕES CHAVE: Espanha (Conca de Barbera, Costers do Segre, Navarra, Penedés, Rioja, Terra Alta); França (Languedoc-Roussillon).

RIESLING

AROMAS PRINCIPAIS: Ruibarbo, floral, mineral, maçãs verdes, lima. Ao envelhecer, petróleo e mel.

CARÁTER: Graduação alcoólica média ou baixa, elevada acidez, não suporta bem o barril de carvalho (especialmente de madeira de carvalho nova), com ela são produzidos vinhos secos ou doces se a vindima é adiada, suscetível à podridão nobre, aromática.

REGIÕES CHAVE: Alemanha (Mosela, Pfalz, Nahe, Rheingau, Rhemhessen), Áustria, França (Alsácia), Espanha (Penedés), Austrália, Nova Zelândia e EUA.

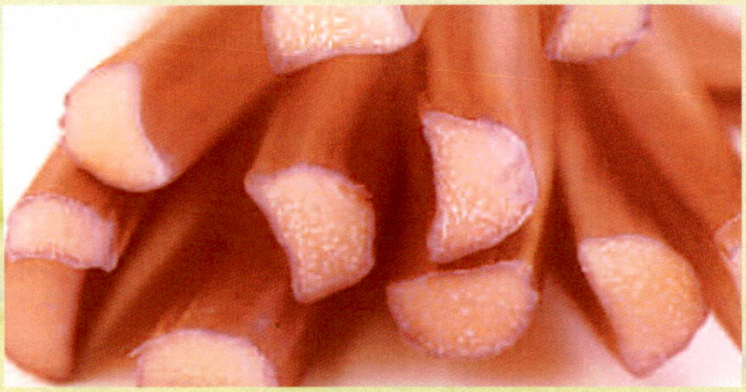

GEWURZTRAMINER

AROMAS PRINCIPAIS: Lichias, delícias turcas, pétalas de rosa.

CARÁTER: Um gosto muito peculiar ao qual é preciso acostumar-se, aromática, sua baixa acidez e alta graduação alcoólica proporcionam ao vinho preparado com ela uma textura glicérica; não aceita bem o barril de carvalho, seus vinhos doces (obtidos com uvas muito maduras) são envelhecidos em tonéis, os demais são bebidos jovens.

REGIÕES CHAVE: Alsácia francesa, Espanha (Somontano, Penedés).

VIOGNIER

AROMAS PRINCIPAIS: Pêssego, damasco, noz moscada, creme.

CARÁTER: Alta graduação alcoólica, baixa acidez, textura excepcional, seu vinho está em seu melhor momento quando é jovem ou com certa maturação, qualidades aromáticas peculiares.

REGIÕES CHAVE: O norte do Vale do Rhône (Condrieu), Languedoc-Roussillon, Espanha (Vinho da Terra do Baixo Aragão), Califórnia, Austrália e América do Sul.

VERDEJO

AROMAS PRINCIPAIS: Grama cortada, abacaxi, maçã verde.

CARÁTER: Seus vinhos são intensos e equilibrados, com boa participação da acidez. Algumas vezes, a fermentação em tonel produz bons resultados.

REGIÕES CHAVE: Na Espanha, é cultivada principalmente em Rueda, embora também seja permitida em outras regiões de Castela e Leão.

MOSCATEL

AROMAS PRINCIPAIS: Uva, flor de laranjeira, pétalas de rosa secas.

CARÁTER: Permite preparar uma grande variedade de vinhos, principalmente semi-doces e doces, leves e pouco alcoólicos, que podem ser fortificados.

REGIÕES CHAVE: Vale do Rhône (especialmente Clairette de Die e o Vin Doux Naturel), Sul da França, Norte da Itália (especialmente Moscato d'Asti e Asti Spumante), Espanha (Somontano, regiões vinícolas mediterrâneas), Califórnia e América do Sul.

CABERNET SAUVIGNON

AROMAS PRINCIPAIS: Groselha escura, hortelã, chocolate, tabaco, madeira de cedro.

CARÁTER: Versátil, cor intensa, alto nível de taninos, boa capacidade de maturação, favorecida pelo barril de carvalho, ótima em corte com a merlot, a cabernet franc e a grenache.

REGIÕES CHAVE: Bordeaux (especialmente no Médoc, onde é utilizado como corte), Austrália, Chile e EUA. Na Espanha seu cultivo estende-se por muitas regiões vinícolas para dar corpo aos vinhos, embora não esteja no melhor momento de sua popularidade.

PINOT NOIR

AROMAS PRINCIPAIS: Violetas, cerejas, esterco (depois de envelhecido), terrosos.

CARÁTER: Bela textura sedosa, proporciona excelentes vinhos monovarietais, utilizada como corte em Champagne, aceita bem o barril de carvalho, boa capacidade de envelhecimento, dá um vinho de cor clara devido a sua casca ser fina, delicada e de poucos taninos, alta acidez.

REGIÕES CHAVE: Borgonha, Champagne (em corte com a chardonnay e a pinot meunier), Nova Zelândia (Martinborough), EUA. (Oregon e Carneros, na Califórnia), Austrália (especialmente Vitória e Tasmânia).

SHIRAZ/SYRAH

AROMAS PRINCIPAIS: Pimenta do reino, groselha vermelha, amora, tabaco, fumaça, borracha queimada.

CARÁTER: Alta graduação alcoólica, elevada quantidade de taninos, acidez moderada, aceita bem o barril de carvalho novo, serve para preparar vinhos monovarietais e em corte, apropriada para vinhos de envelhecimento em tonel.

REGIÕES CHAVE: O norte do vale do Rhône (Cote Rótie e Hermitage) e o sul (especialmente em corte do Chateauneuf-du-Pape); Austrália (Barrosa Valley, Hunter Valley e McLaren Valley); na Espanha: Domínio de Valdepusa, (Toledo), Jumilla, Priorat, Montsant.

MERLOT

AROMAS PRINCIPAIS: Café, ameixas maduras, bolo de frutas, pimenta do reino.

CARÁTER: Proporciona um vinho de baixa acidez, textura suave com baixo nível de taninos, suculento, que se utiliza normalmente como corte da cabernet sauvignon e da cabernet franc; aproveita bem o barril de carvalho; proporciona vinhos envelhecidos de qualidade.

REGIÕES CHAVE: Bordeaux (especialmente St. Emilion e em corte para o Pomerol), Chile, EUA (estados da Califórnia e de Washington), Argentina. Na Espanha, destacam-se as variedades merlot de Navarra e Somontano, embora seja cultivada em outras regiões do país.

CABERNET FRANC

AROMAS PRINCIPAIS: Serragem de lápis, framboesa, tabaco, erva, mentolados.

CARÁTER: Com ela se prepara um vinho de cor clara, baixo nível de taninos, aromático, acidez elevada, corpo leve e textura fina, que é bebido jovem quando é monovarietal.

REGIÕES CHAVE: Bordeaux (como corte da cabernet sauvignon e da merlot), Vale do Loire (especialmente Cinon, St. Nicolás de Bourgeuil, Saumur Champigny), América do Sul.

GRENACHE

AROMAS PRINCIPAIS: Alcaçuz, framboesa, fumaça, erva.

CARÁTER: Seu vinho, de alta graduação alcoólica, é utilizado como corte; dá vinhos de uma ampla gama, de leves a fortes, de acidez reduzida.

REGIÕES CHAVE: O sul do vale do Rhône (Chateauneuf-du-Pape, Vacqueyras, Gigondas, Cotes du Rhône), sul da França, Espanha (Cariñena, Priorat, Campo de Borja, Rioja Baixa) e Austrália.

CARIGNAN

AROMAS PRINCIPAIS: Frutas vermelhas, morangos, condimentos.

CARÁTER: O corte tradicional espanhol foi a carignan com a grenache. Seus vinhos são suaves e elegantes, com boa cota de tanino quando as produções são moderadas. Boa evolução em tonel. É utilizada em vinhos monovarietais e em corte.

REGIÕES CHAVE: Espanha (Priorat, Cariñena, Calatayud), França (Languedoc, Pireneu Ocidental), Argélia, Argentina, Chile, Itália, Israel, México e Uruguai.

SANGIOVESE

AROMAS PRINCIPAIS: Chá frio, grama, cerejas pretas.
CARÁTER: Proporciona ao vinho uma cor moderada, corpo mediano, muitos taninos, ácido, que é amplamente usada para corte. Desenvolve uma auréola de cor laranja ao envelhecer.
REGIÕES CHAVE: América do Sul, Itália (especialmente Brunello di Montalcino, Chianti) e América do Sul.

TEMPRANILLO

AROMAS PRINCIPAIS: Frutas vermelhas, baunilha, morango, tabaco.
CARÁTER: Dá um vinho de acidez e taninos moderados, que é normalmente usado para corte, suave e de fragrância adocicada, aprimora-se no barril de carvalho.
REGIÕES CHAVE: Espanha (especialmente La Rioja, Ribera del Duero, Navarra, La Mancha), América do Sul.

ALICANTE

AROMAS PRINCIPAIS: Amora, violeta.
CARÁTER: Produz vinhos robustos e consistentes. Alta graduação alcoólica, boa proporção de taninos, boa evolução em tonel. Com os cortes torna-se mais redondo e menos silvestre.
REGIÕES CHAVE: Espanha (Catalunha, Jumilla, Yecla), França (Chateneuf-du-Pape), Califórnia e Austrália.

NEBBIOLO

AROMAS PRINCIPAIS: Ameixas, rosas, trufa, couro, alcatrão (depois de envelhecido).
CARÁTER: Proporciona um vinho de elevada acidez, com taninos e alta graduação alcoólica, aceita o barril de carvalho novo, forte, de cor moderada.
REGIÕES CHAVE: Piemonte (especialmente barolo e barbaresco).

escolha de vinhos para acompanhar diversos pratos de comida

Comer, acompanhando a comida com vinho, é um dos maiores prazeres que a vida proporciona; especialmente se for na companhia de amigos e da família. No entanto, às vezes pode parecer difícil escolher um vinho para acompanhar um determinado prato.

É tranqüilizador que a maioria dos vinhos combine bem com quase todos os pratos. Nisso não há regras que digam que algo é bom ou ruim. É uma questão de gosto pessoal. Não se deixe intimidar pela grande variedade de vinhos que são oferecidos no mercado hoje em dia. Aproveite a variedade. E, sobretudo, desfrute a experiência e não tenha medo de experimentar: pode ser que descubra uma combinação extraordinária, magnífica. Quando isto acontece, é uma experiência inesquecível.

ESQUEÇA A COR DO VINHO

Combinar alimentos e vinhos é uma questão que tem mais a ver com o poder e o sabor dos vinhos que com a cor.

O vinho tinto costuma ser associado com os queijos, mas esta combinação não é tão perfeita quanto se supõe. O queijo freqüentemente casa melhor com vinhos brancos semidoces que com os tintos. Muitos queijos têm uma textura cremosa que não combina com a maioria dos tintos. Se, de todo modo, prefere o vinho tinto, escolha um com pouco tanino. Os vinhos tintos com muito corpo são mais apropriados para os queijos consistentes e com sabor intenso.

Diz-se que os vinhos brancos combinam bem com o peixe. O iodo do peixe e os taninos dos vinhos tintos podem fazer que o peixe fique com um sabor metálico. Escolha um vinho branco ou, se preferir um tinto, opte por um com pouco tanino, um preparado com as variedades pinot noir, gamay, grenache jovem ou barbera, por exemplo.

COMBINE AS INTENSIDADES DE SABORES

Ao combinar um prato com um vinho, tenha em conta a intensidade do sabor do prato. Escolha um vinho cuja intensidade seja

similar. É mais fácil pensar no vinho como um molho que se acrescenta ao prato. Quanto mais marcante seja o sabor do prato, mais robusto terá que ser o corpo do vinho. Também se pode escolher um vinho simples, deixando que o prato domine a combinação, ou vice-versa.

Às vezes, um prato tem sabores dominantes, como a doçura ou a acidez, que devem ser levados em consideração. O vinho escolhido pode complementá-los ou contrastá-los.

PRATOS RICOS EM SABORES A acidez de um vinho constitui um excelente contraste à riqueza de sabores de um prato.

ACIDEZ Escolha um vinho com níveis de acidez iguais aos do prato.

SABORES DOCES Selecione um vinho com um nível de doçura igual ou superior ao do prato.

SABORES SALGADOS Contraste os pratos salgados com um vinho doce, por exemplo, vinho do porto com queijo stilton ou cabrales.

tipos de vinho branco

FRESCOS E SECOS

EXEMPLOS DE VARIEDADES DE UVA Chenin blanc jovem (da África do Sul, p. ex.), sauvignon blanc (Rueda, Sancerre, Pouilly Fumé do Loire, p. ex.), chardonnay (Chablis que não tenha passado por barril de carvalho, p. ex.), macabeu (Penedés), treixadura (Ribeiro), ondarribi zuri/beltza (txacolí), alvarinho (Rías Baixas).
IDEAIS COM Saladas, peixes de sabor delicado, massas com marisco, ostras, mariscos, frango, queijo de cabra.

SEMIDOCES AROMÁTICOS

EXEMPLOS DE VARIEDADES DE UVA Riesling, moscatel, viognier, gewurztraminer, tócai, pinot gris, chenin blanc (Vouvray do Loire, p. ex.), malvasia (Valência).
IDEAIS COM Pratos orientais picantes, foie gras (combinação particularmente boa com o tócai pinot gris), queijos macios como o camembert e o brie.

SABOROSOS E COM CORPO

EXEMPLOS DE VARIEDADES DE UVA Chardonnay (do Novo Mundo e da Borgonha, Navarra, Penedés, Somontano, p. ex.), viognier (Condrieu do norte do vale do Rhône, p. ex.), corte de marsanne e roussane (Hermitage do norte do vale do Rhône, p. ex.), sémillon (da Austrália, p. ex.).
IDEAIS COM Peixes como o rodovalho, lagosta (que faz ótimo par com os chardonnay do Novo Mundo), peixes oleosos como a cavala e a sardinha, salmão defumado, caranguejo, camarões, vieiras, frango (especialmente no molho), porco e vitela, massas com creme de leite.

VINHOS DOCES

EXEMPLOS DE VARIEDADES DE UVA
Semidoces: Muscat (Asti Spumante e Moscato do Piemonte, p. ex.), riesling (Auslese e Beerenauslese alemães e *vendange tardive* da Alsácia francesa, p. ex.), Chenin Blanc (Coteaux du Layon moelleux do Loire, p. ex.).
Doces: Muscat (Vin Doux Naturel do Rhône e muscat doce da Califórnia, p. ex.), Pedro Ximenez (Xerez, Montilla-Moriles), moscatel (Valência, Tarragona), riesling (Trockenbeerenauslese alemão), furmint (Tócai húngaro, p. ex.), gewurztraminer (*vendange tardive* de Alsácia, p. ex.), corte de sémillon e sauvignon blanc (sauternes ou barsac de Bordeaux, p. ex.).
Muito doces: Muscat (Australian Liqueur de Rutherglen, Victoria, p. ex.).
IDEAIS COM Sobremesas, foie gras, queijos azuis.

tipos de vinho rosé

EXEMPLOS DE VARIEDADES DE UVA Cabernet Franc (Rosé d'Anjou do Loire, p. ex.), pinot noir (Sancerre Rosé do Loire, p. ex.), grenache e cinsault varietal (Travel Rosé do sul do Rhône, p. ex.) mourvédre (Provence Rosé do sul da França, p. ex.), cabernet sauvignon (Penedés, Somontano), grenache (Navarra).
IDEAIS COM Massas, pizza, peixe, frios, pernil, embutidos, patês, piqueniques de verão e churrascos.

RAMS
Lot #12
1998
CALIFORNI
PINOT NOIR
CELLARED & BOTTLED BY C
OAKVILLE, CALIFORN
COHOL 13% BY VOL

tipos de vinho tinto

LEVES E FRUTAIS

EXEMPLOS DE VARIEDADES DE UVA Gamay (Beaujolais, p. ex.), pinot noir (Borgonha e Sancerre Rouge do Loire, p. ex.), tempranillo (Rioja viticultor, Ribera do Duero semicrianza, La Mancha, Navarra, p. ex.), dolcetto (Dolcetto do Piemonte, p. ex.), cabernet franc (Chinon e St. Nicholas de Bourgeuil do Loire, p. ex.), grenache (Campo de Borja, Montsant).

IDEAIS COM Massas, pizza, peixe, frios, pernil, embutidos, patês, piqueniques de verão e churrascos.

SUAVES, DE CORPO MÉDIO

EXEMPLOS DE VARIEDADES DE UVA Tempranillo (Rioja, Ribera de Duero, com envelhecimento, Somontano, p. ex.), shiraz (Crozes Hermitage do norte do vale do Rhône, p. ex.), cabernet sauvignon (do sul da França, p. ex.), pinot noir (Borgonha francês e do Novo Mundo, p. ex.), sangiovese (Chianti toscano, p. ex.), corte de grenache e shiraz (Cotes du Rhóne, p. ex.), corte de cabernet sauvignon e merlot (Bordeaux, p. ex.).

IDEAIS COM Pratos leves de caça (faisão, javali, coelho, codorna, pato), queijo camembert (faz ótimo par com Pinot Noir), porco, vitela, frango, carnes vermelhas, refogados de carne.

COM CORPO

EXEMPLOS DE VARIEDADES DE UVA Tempranillo (Rioja, Ribera de Duero, com envelhecimento, Somontano, p. ex.), shiraz (Crozes Hermitage do norte do vale do Rhône, p. ex.), cabernet sauvignon (do sul da França, p. ex.), pinot noir (Borgonha francês e do Novo Mundo, p. ex.), sangiovese (Chianti toscano, p. ex.), corte de grenache e shiraz (Cotes du Rhóne, p. ex.), corte de cabernet sauvignon e merlot (Bordeaux, p. ex.).

IDEAIS COM Pratos de caça de sabor marcante (lebre, cervo, pombo), carnes vermelhas como boi e cordeiro, queijos curados de sabor intenso.

glossário

ACIDEZ Qualidade de ácido. Faz que o vinho seja fresco.
AERAÇÃO Pôr um vinho em contato com o ar para que respire.
AGULHA Gás carbônico residual da fermentação.
ÁLCOOL Ao fermentar, o açúcar na uva madura transforma-se em álcool, para produzir o vinho.
AROMA Fragrância de um vinho.
ARROLHADO OU "GOSTO DE ROLHA" Gosto de mofo que alguns vinhos apresentam devido a uma rolha defeituosa.
AVELUDADO Vinho com bons níveis frutais e taninos suaves e integrados.
BORRAS Sedimentos que restam ao final da fermentação. É o que comumente se chama de a "mãe do vinho".
BOTRYTIS CINEREA Fungo microscópico causador da podridão nobre, que gera maior densidade e doçura do vinho produzido com as uvas afetadas por ele.
BOUQUET Termo francês que define o conjunto de aromas equilibrados provenientes da maturação que apresenta um vinho.
CARVALHO Aroma e sabor que um vinho adquire após permanecer em tonéis.
COMPLEXIDADE Variedade de sabores que apresenta um vinho.
CONSISTÊNCIA Diz-se que tem consistência um vinho com corpo, denso e equilibrado.
CORPO Diz-se de um vinho carregado de taninos, untuoso, estruturado, alcoólico e carnoso.
CORTE Mistura de duas ou mais variedades.
DECANTAR Verter o vinho de uma garrafa num decantador.
DEGRADAÇÃO Nos vinhos tintos envelhecidos, os pigmentos que proporcionam sua cor tendem a desintegrar-se.
DULÇOR Sabor doce que se destaca sobre as outras qualidades, devido ao açúcar não fermentado proveniente da uva madura.
EQUILÍBRIO Harmonia dos componentes de um vinho, ácidos, taninos, álcool, aromas e gosto.
ESTRUTURA Constituição do vinho ou conjunto de suas qualidades.
EXTRATO Concentração frutal de um vinho.
FERMENTAÇÃO Processo pelo qual os açúcares de um mosto, pela ação das leveduras, transformam-se em álcool.
FINESSE Termo francês para expressar a sutileza e a complexidade de um vinho.
FORTIFICADO OU GENEROSO Vinho ao qual se acrescentou álcool.
INTEGRADOS Diz-se dos taninos num vinho que se harmonizam com os outros componentes.
INTENSIDADE Amplitude e riqueza de sabores de um vinho.
LÁGRIMAS Gotas de aspecto oleoso que alguns vinhos formam na parede de uma taça.
NARIZ Termo com que se costuma referir ao aroma de um vinho.
NOVO MUNDO Expressão para referir-se aos novos países produtores de vinho (Austrália, África do Sul, países da América do Sul, EUA, Nova Zelândia).
OLHO Cor do vinho no centro da camada da superfície numa taça.
OXIDADO Vinho que permaneceu demasiado tempo em contato com o ar.
PALADAR Impressão que produz o vinho ao ser saboreado.
RÉCIO Vinho com corpo, sólido, estruturado e consistente.
RESPIRAR Deixar que o vinho entre em contato com o ar para que se desenvolva.
RETROGOSTO Conjunto de aromas e sabores que um vinho deixa no paladar.
ROBUSTO Vinho com corpo, forte, redondo e carnoso.
SABOR O aroma e gosto de um vinho, que se comparam a frutas, flores, ervas, especiarias etc.
SENSAÇÃO NA BOCA Impressão que causa a textura, a estrutura e o corpo de um vinho na cavidade bucal.
SUAVE Vinho redondo, frutal e com poucos taninos.
SULFUROSO Odor acre que desaparece quando se balança a taça.
TANINOS Substâncias adstringentes procedentes dos bagaços da uva e dos caroços.
TARTARATOS Cristais inofensivos de sais do ácido tartárico que se precipitam durante a maturação de vinhos tintos e brancos.
TERROIR Termo francês para "terrão". Sabor de terra que alguns vinhos têm.
TEXTURA Impressão que causa um vinho na boca, comparada freqüentemente com alguns tecidos.
VARIETAL Vinhos elaborados com uma única variedade de uva.
VELHO MUNDO Expressão para referir-se aos países europeus produtores de vinho.
VENDANGE TARDIVE Expressão francesa para "colheita tardia". Que produz vinhos doces.
VINHO FINO Vinho de qualidade superior que geralmente melhora com o envelhecimento.
VISCOSIDADE Espessura de um vinho de grande densidade frutal e álcool, indicada por suas "lágrimas".

índice

agradecimentos

Agradecemos a Simon Field, Mandy Woodard, Gail Barnett, por seu tempo e aconselhamento; Simon Berry, da casa de vinhos Berry Bros. & Rudd, por seu apoio; e a Nick Croft, por sua ajuda constante.